animal WORDSEARCH

Capella

This edition published in 2021 by Arcturus Publishing Limited
26/27 Bickels Yard, 151–153 Bermondsey Street,
London SE1 3HA

Copyright © Arcturus Holdings Limited

All rights reserved. No part of this publication may be reproduced, stored in a retrieval system, or transmitted, in any form or by any means, electronic, mechanical, photocopying, recording, or otherwise, without prior written permission in accordance with the provisions of the Copyright Act 1956 (as amended). Any person or persons who do any unauthorized act in relation to this publication may be liable to criminal prosecution and civil claims for damages.

Author: Ivy Finnegan
Designers: Rosie Bellwood and Ms. Mousepenny
Illustrator: Natasha Rimmington

ISBN: 978-1-3988-1027-3
CH010011NT
Supplier 33, Date 0921, Print run 11495

Printed in China

Busy Beaver

- CANAL
- DAM
- FLAT TAIL
- GNAW
- LAKES
- LODGE
- LOGS
- RODENT
- STREAMS
- SWIMMING
- WEBBED
- WETLANDS

G	E	S	D	N	A	L	T	E	W	P	N	I	Y	F
Q	U	M	N	M	B	K	Z	S	U	U	R	C	Y	Q
O	R	A	F	A	B	Q	S	C	Q	Y	L	I	T	X
Y	A	E	P	S	G	N	A	W	K	D	B	L	V	M
L	E	R	M	B	A	N	S	F	X	I	A	A	R	F
A	D	T	M	X	A	W	W	S	K	J	L	M	S	P
K	I	S	Q	L	D	K	T	W	H	K	Z	O	H	I
E	X	A	E	G	D	O	L	I	W	I	Q	H	G	B
S	H	L	G	V	R	T	I	M	N	H	S	S	D	S
V	B	B	O	A	Y	E	A	M	M	X	W	H	E	M
D	V	P	O	H	J	T	T	I	D	N	Y	O	B	V
N	W	K	K	E	V	S	T	N	V	W	Z	Q	B	L
E	B	L	I	K	U	J	A	G	D	O	G	A	E	F
E	D	H	H	Z	Y	M	L	B	N	V	Y	W	W	S
L	J	L	B	V	K	N	F	I	R	O	D	E	N	T

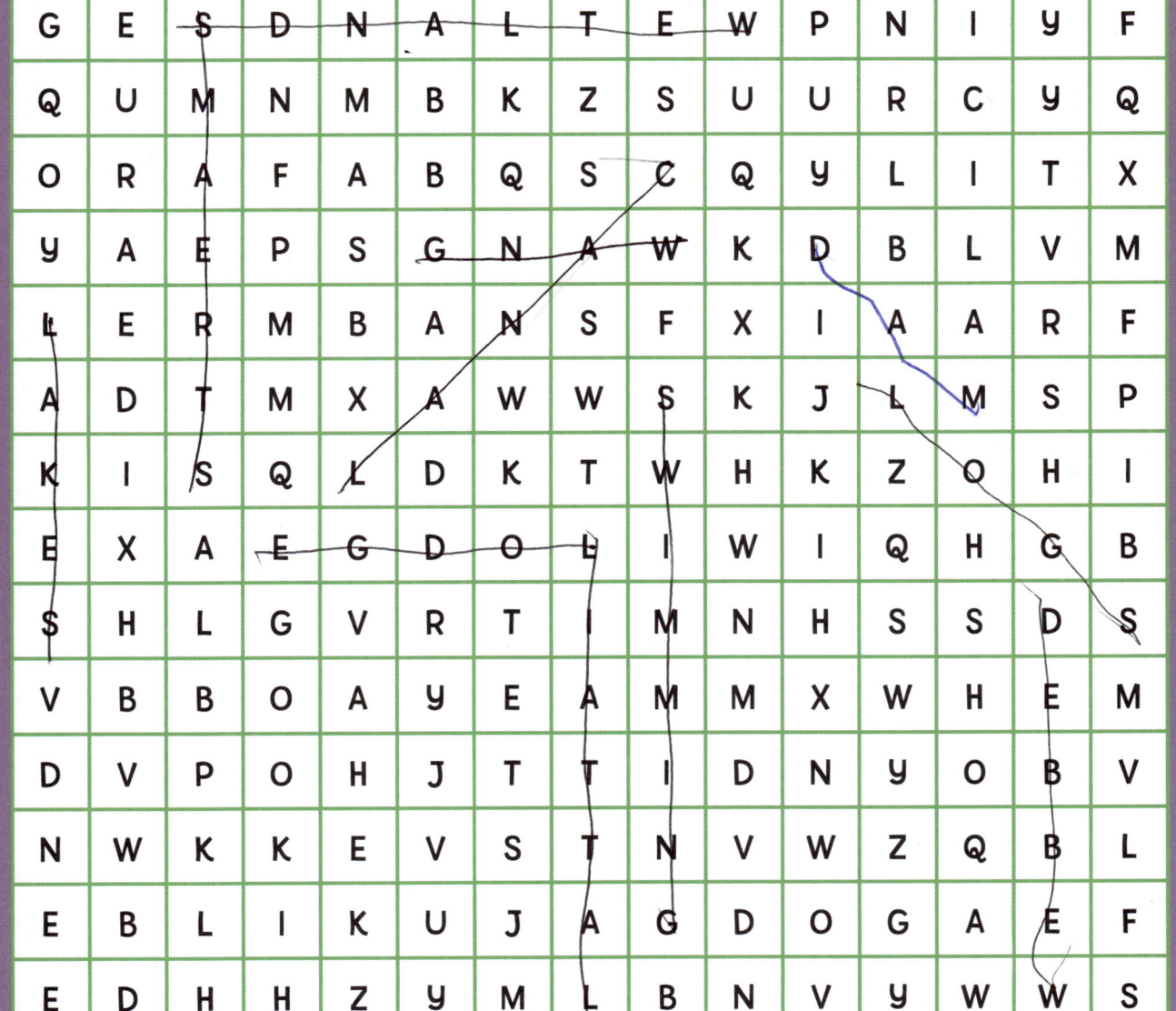

On the Farm

BEE	GOAT	ROOSTER
CATTLE	HORSE	SHEEP
CHICKEN	PIG	SHEEPDOG
DONKEY	RABBIT	TURKEY

V	C	C	B	H	J	Y	D	T	M	T	E	J	E	G
B	V	V	D	L	E	X	X	A	A	T	M	Y	L	H
J	O	P	C	K	M	S	Y	O	Z	P	Y	V	N	Y
D	D	K	N	D	X	X	G	P	Q	A	R	K	Z	S
L	Y	O	X	E	C	Y	E	K	R	U	T	Z	Z	C
S	D	W	C	Z	O	X	E	A	R	U	P	Y	F	A
Q	V	I	A	N	S	M	U	O	R	S	Z	Y	Q	T
R	A	U	Q	D	T	J	O	N	J	Y	S	R	B	T
A	S	R	E	M	X	S	H	E	E	P	D	O	G	L
B	L	R	P	E	T	A	R	K	A	D	H	M	U	E
B	N	X	Z	E	B	Y	G	C	I	K	J	L	E	J
I	U	E	R	J	E	P	M	I	D	C	C	Z	V	A
T	X	Y	A	Q	R	H	V	H	P	J	P	U	G	H
T	J	E	S	R	O	H	S	C	P	S	X	O	K	U
H	X	G	H	Q	T	L	G	G	I	H	I	P	V	S

Ocean Mammals

BALEEN WHALE
DOLPHIN
DUGONG
MANATEE

POLAR BEAR
PORPOISE
SEA LION
SEA OTTER

SEAL
TOOTHED WHALE
VAQUITA
WALRUS

N	L	K	D	U	G	O	N	G	F	S	E	E	S	C
T	O	R	C	T	G	J	R	J	B	R	T	I	F	L
R	B	K	A	Z	V	R	E	T	T	O	A	E	S	Z
P	O	R	P	O	I	S	E	U	W	A	L	R	U	S
X	F	M	Q	L	C	D	O	A	T	I	U	Q	A	V
Q	T	E	L	A	H	W	N	E	E	L	A	B	P	I
X	B	I	U	E	P	T	A	Q	F	W	H	O	E	X
F	L	Z	O	S	W	M	D	S	E	A	L	I	O	N
V	Y	W	Y	M	W	A	L	B	Q	W	A	M	F	Z	D
P	U	H	P	N	H	S	M	E	R	H	Q	D	D	W
J	L	H	A	D	S	Z	E	B	F	Z	K	V	H	G
Z	W	T	O	O	T	H	E	D	W	H	A	L	E	N
Y	E	R	Y	X	J	A	B	N	I	H	P	L	O	D
E	S	X	B	F	R	J	E	T	Q	X	R	Z	W	U
U	H	J	K	E	J	G	B	W	G	L	G	H	Y	L

5

Desert Reptiles

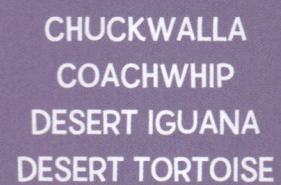

CHUCKWALLA
COACHWHIP
DESERT IGUANA
DESERT TORTOISE

DIAMONDBACK
HORNED LIZARD
POND TURTLE
RATTLESNAKE

RED RACER
ROSY BOA
SIDEWINDER
WHIPTAIL LIZARD

A	S	D	Q	X	G	U	G	M	Y	Y	N	G	I	X
L	Z	R	J	G	D	S	W	L	D	B	E	F	G	Q
M	J	A	K	K	N	B	O	V	D	M	J	W	K	B
E	Y	Z	V	B	B	F	W	O	X	D	L	L	T	R
W	H	I	P	T	A	I	L	L	I	Z	A	R	D	E
P	E	L	T	R	U	T	D	N	O	P	T	C	J	D
Y	R	D	G	R	G	E	D	I	B	W	T	V	D	N
I	E	E	K	C	A	B	D	N	O	M	A	I	D	I
A	D	N	H	O	C	O	A	C	H	W	H	I	P	W
O	R	R	T	R	A	T	T	L	E	S	N	A	K	E
X	A	O	G	I	Q	Z	N	Q	O	L	U	T	Z	D
H	C	H	C	A	O	B	Y	S	O	R	O	X	S	I
K	E	D	E	S	E	R	T	I	G	U	A	N	A	S
P	R	Z	X	S	A	L	L	A	W	K	C	U	H	C
I	D	E	S	E	R	T	T	O	R	T	O	I	S	E

Petting Zoo

ALPACA
CHICKEN
DONKEY
DUCK
~~GOAT~~
GUINEA PIG
HORSE
LLAMA
PONY
~~POT-BELLIED PIG~~
RABBIT
SHEEP

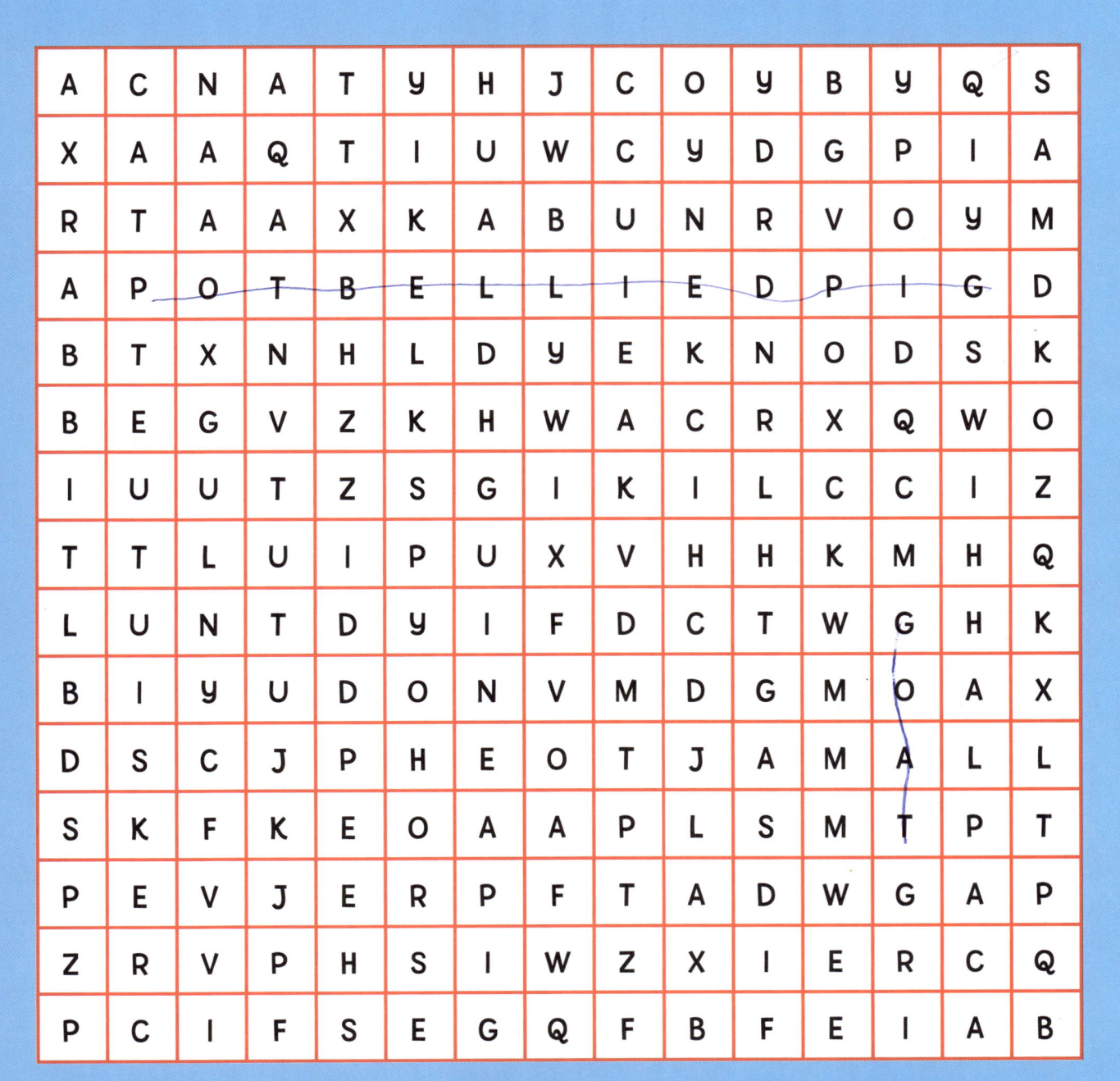

A	C	N	A	T	Y	H	J	C	O	Y	B	Y	Q	S
X	A	A	Q	T	I	U	W	C	Y	D	G	P	I	A
R	T	A	A	X	K	A	B	U	N	R	V	O	Y	M
A	P	O	T	B	E	L	L	I	E	D	P	I	G	D
B	T	X	N	H	L	D	Y	E	K	N	O	D	S	K
B	E	G	V	Z	K	H	W	A	C	R	X	Q	W	O
I	U	U	T	Z	S	G	I	K	I	L	C	C	I	Z
T	T	L	U	I	P	U	X	V	H	H	K	M	H	Q
L	U	N	T	D	Y	I	F	D	C	T	W	G	H	K
B	I	Y	U	D	O	N	V	M	D	G	M	O	A	X
D	S	C	J	P	H	E	O	T	J	A	M	A	L	L
S	K	F	K	E	O	A	A	P	L	S	M	T	P	T
P	E	V	J	E	R	P	F	T	A	D	W	G	A	P
Z	R	V	P	H	S	I	W	Z	X	I	E	R	C	Q
P	C	I	F	S	E	G	Q	F	B	F	E	I	A	B

Hibernating Creatures

- ALPINE MARMOT
- BOX TURTLE
- BROWN BEAR
- COMMON POORWILL
- DORMOUSE
- DWARF LEMUR
- GARTER SNAKE
- GROUNDHOG
- HEDGEHOG
- HUMMINGBIRD
- SKUNK
- SQUIRREL

L	L	I	W	R	O	O	P	N	O	M	M	O	C	O
H	S	G	A	R	T	E	R	S	N	A	K	E	C	H
Y	T	G	M	J	V	M	W	G	T	E	E	A	Z	R
D	R	I	B	G	N	I	M	M	U	H	D	B	X	A
W	V	N	K	U	Z	Q	J	Q	O	I	O	Y	B	E
Y	J	S	G	H	G	R	O	U	N	D	H	O	G	B
W	I	Q	C	S	K	X	A	G	X	T	S	S	B	N
J	R	U	M	E	L	F	R	A	W	D	U	P	O	W
B	X	G	B	F	Z	I	K	Y	B	M	C	Z	X	O
B	Q	A	L	P	I	N	E	M	A	R	M	O	T	R
W	U	Q	J	E	A	Q	V	N	L	T	Q	R	U	B
V	E	S	U	O	M	R	O	D	R	U	H	B	R	U
G	O	H	E	G	D	E	H	P	Z	A	M	A	T	V
K	T	L	E	R	R	I	U	Q	S	X	O	G	L	U
A	Y	W	S	K	U	N	K	T	J	N	Z	Q	E	J

Breeds of Dog

AKITA GERMAN SHEPHERD POODLE
BERNESE IRISH RED SETTER SHARPEI
BULLDOG LLASA APSO SPANIEL
DACHSHUND PEKINGESE YORKIE

Z	F	B	R	G	P	I	O	C	I	L	G	T	Z	L
L	L	A	S	A	A	P	S	O	R	O	N	H	K	D
J	S	G	Q	P	Z	O	E	H	I	K	E	P	R	J
C	C	E	S	E	N	R	E	B	S	I	G	E	S	W
K	H	S	D	P	E	G	X	L	H	E	H	K	D	C
Q	S	V	O	X	O	Y	D	Y	R	P	R	I	N	E
J	J	E	D	R	Y	O	O	G	E	R	E	N	U	M
F	A	Y	Q	Q	F	R	P	D	H	D	A	E	G	H	G
A	K	I	T	A	K	W	S	L	S	H	G	E	S	O
P	H	R	E	I	U	N	P	M	E	S	M	S	H	D
I	F	T	E	T	A	O	A	B	T	X	Y	E	C	L
Q	P	L	X	M	L	T	N	P	T	Y	Q	C	A	L
L	T	H	R	O	C	M	I	J	E	I	H	D	D	U
A	L	E	X	W	V	Z	E	L	R	H	J	Y	V	B
S	G	X	O	L	Z	N	L	J	D	Q	L	T	R	Y

9

City Creatures

BEDBUG
BLACK RAT
COCKROACH
GULL

HOUSE MOUSE
PIGEON
RABBIT
RACCOON

RED FOX
SKUNK
SPIDER
SQUIRREL

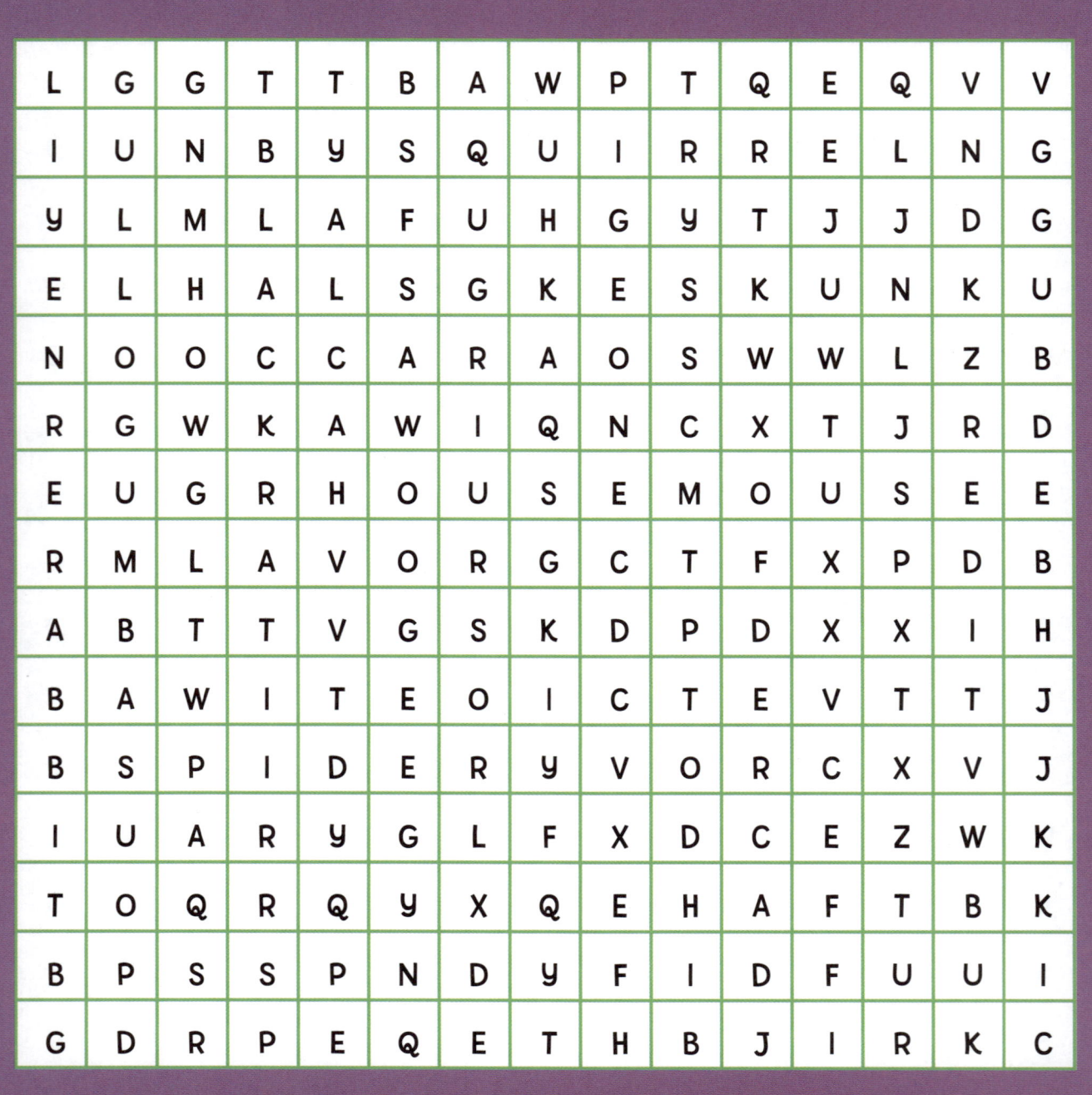

L	G	G	T	T	B	A	W	P	T	Q	E	Q	V	V
I	U	N	B	Y	S	Q	U	I	R	R	E	L	N	G
Y	L	M	L	A	F	U	H	G	Y	T	J	J	D	G
E	L	H	A	L	S	G	K	E	S	K	U	N	K	U
N	O	O	C	C	A	R	A	O	S	W	W	L	Z	B
R	G	W	K	A	W	I	Q	N	C	X	T	J	R	D
E	U	G	R	H	O	U	S	E	M	O	U	S	E	E
R	M	L	A	V	O	R	G	C	T	F	X	P	D	B
A	B	T	T	V	G	S	K	D	P	D	X	X	I	H
B	A	W	I	T	E	O	I	C	T	E	V	T	T	J
B	S	P	I	D	E	R	Y	V	O	R	C	X	V	J
I	U	A	R	Y	G	L	F	X	D	C	E	Z	W	K
T	O	Q	R	Q	Y	X	Q	E	H	A	F	T	B	K
B	P	S	S	P	N	D	Y	F	I	D	F	U	U	I
G	D	R	P	E	Q	E	T	H	B	J	I	R	K	C

African Jungle Animals

BUSH BABIES
CHIMPANZEE
COLOMBUS MONKEY
FISHING OWL

FOREST ELEPHANT
GORILLA
HIPPOPOTAMUS
NILE CROCODILE

OKAPI
ROCK PYTHON
TERMITE
TIGER FISH

F	U	U	C	O	H	S	I	F	R	E	G	I	T	T
T	F	O	O	T	N	B	V	Z	C	L	G	P	U	K
E	O	S	L	P	I	N	P	J	X	Z	M	A	Z	S
T	R	V	O	P	L	O	F	C	T	M	I	K	Y	U
I	E	R	M	L	E	H	I	H	V	B	S	O	E	M
M	S	N	B	O	C	T	S	I	H	K	S	F	Y	A
R	T	W	U	S	R	Y	H	M	H	N	U	R	J	T
E	E	P	S	I	O	P	I	P	L	R	Y	E	Q	O
T	L	H	M	I	C	K	N	A	S	T	P	R	L	P
S	E	J	O	F	O	C	G	N	P	I	R	E	J	O
I	P	O	N	M	D	O	O	Z	K	D	T	H	E	P
S	H	L	K	L	I	R	W	E	E	Z	O	J	B	P
Y	A	G	E	D	L	B	L	E	U	F	Y	I	V	I
S	N	V	Y	S	E	I	B	A	B	H	S	U	B	H
I	T	K	E	E	M	A	W	G	O	R	I	L	L	A

Animal Babies

CALF FLEDGLING KITTEN
CHICK FOAL PIGLET
CUB HATCHLING PINKY
FAWN JOEY PUGGLE

X	R	K	C	I	H	C	Y	F	Z	W	F	K	C	V
V	F	W	J	O	U	P	W	B	J	S	L	D	P	E
B	J	O	M	B	U	A	J	P	I	N	K	Y	F	D
G	N	I	L	G	D	E	L	F	L	A	E	W	X	D
U	B	R	G	N	Y	I	K	Q	W	Z	F	D	L	P
T	M	L	T	E	Y	G	G	I	X	W	B	W	V	I
Z	E	H	A	T	C	H	L	I	N	G	Y	I	W	G
J	N	V	L	T	D	U	H	Z	K	X	S	A	S	L
V	W	B	K	I	F	J	O	E	Y	I	T	S	D	E
X	U	F	J	K	F	U	M	F	H	G	T	B	R	T
A	V	H	C	M	J	F	A	W	N	V	X	D	N	A
P	I	L	K	P	Z	V	F	R	S	H	B	N	Z	N
G	E	F	K	L	N	I	O	O	S	P	M	G	O	G
Q	I	H	U	Y	F	L	A	C	Z	R	J	R	G	E
R	P	T	V	T	F	F	L	F	W	Y	B	Q	T	C

12

Deep Sea Creatures

ANGLERFISH
DRAGONFISH
FANGTOOTH FISH
FRILLED SHARK

GIANT ISOPOD
GOBLIN SHARK
SEA SPIDER
SPIDER CRAB

STARGAZER
VAMPIRE SQUID
VIPERFISH
WOLFFISH

C	D	N	V	K	Z	H	R	Y	O	R	F	S	B	V
Z	R	T	P	R	V	S	E	M	G	D	G	S	A	R
W	A	C	Q	A	A	I	D	V	I	P	G	T	R	Y
E	G	I	Y	H	M	F	I	T	A	Y	T	A	C	O
G	O	T	D	S	P	R	P	W	N	M	G	R	R	E
L	N	J	J	N	I	E	S	S	T	M	P	G	E	D
W	F	S	J	I	R	L	A	D	I	A	F	A	D	Q
O	I	R	I	L	E	G	E	P	S	F	U	Z	I	S
L	S	P	G	B	S	N	S	V	O	A	U	E	P	D
F	H	D	Z	O	Q	A	N	S	P	X	K	R	S	B
F	I	T	V	G	U	N	V	C	O	S	A	T	E	K
I	H	F	Y	E	I	D	C	G	D	Y	N	E	E	W
S	F	T	U	Y	D	V	I	P	E	R	F	I	S	H
H	K	R	A	H	S	D	E	L	L	I	R	F	J	H
H	S	I	F	H	T	O	O	T	G	N	A	F	O	D

Spectacular Snakes

CARNIVOROUS JAW SERPENT
COLD-BLOODED LIMBLESS SIDEWINDING
CONSTRICTION REPTILE UNDULATION
EGGS SCALES VENOM

D	Y	Z	S	E	R	P	E	N	T	S	U	M	W	A
N	V	V	Z	N	V	H	K	A	D	X	A	H	D	T
O	N	S	V	C	Y	Q	V	U	J	Q	Y	S	P	L
I	C	Y	E	O	U	N	D	U	L	A	T	I	O	N
T	A	A	N	L	R	L	N	G	R	L	G	M	X	Z
C	R	T	O	D	A	R	P	W	S	N	P	L	F	E
I	N	K	M	B	T	C	R	L	I	L	S	E	V	I
R	I	V	X	L	K	K	S	D	W	I	F	K	H	R
T	V	G	F	O	O	L	N	V	R	M	G	J	E	M
S	O	F	S	O	N	I	S	Q	M	B	K	X	L	B
N	R	Z	B	D	W	B	G	Z	L	L	M	R	I	V
O	O	H	W	E	P	F	G	I	F	E	L	U	T	R
C	U	D	D	D	J	T	E	P	H	S	P	K	P	K
I	S	I	N	F	S	A	F	H	R	S	X	Z	E	H
O	S	Z	I	B	M	H	W	S	P	U	E	F	R	X

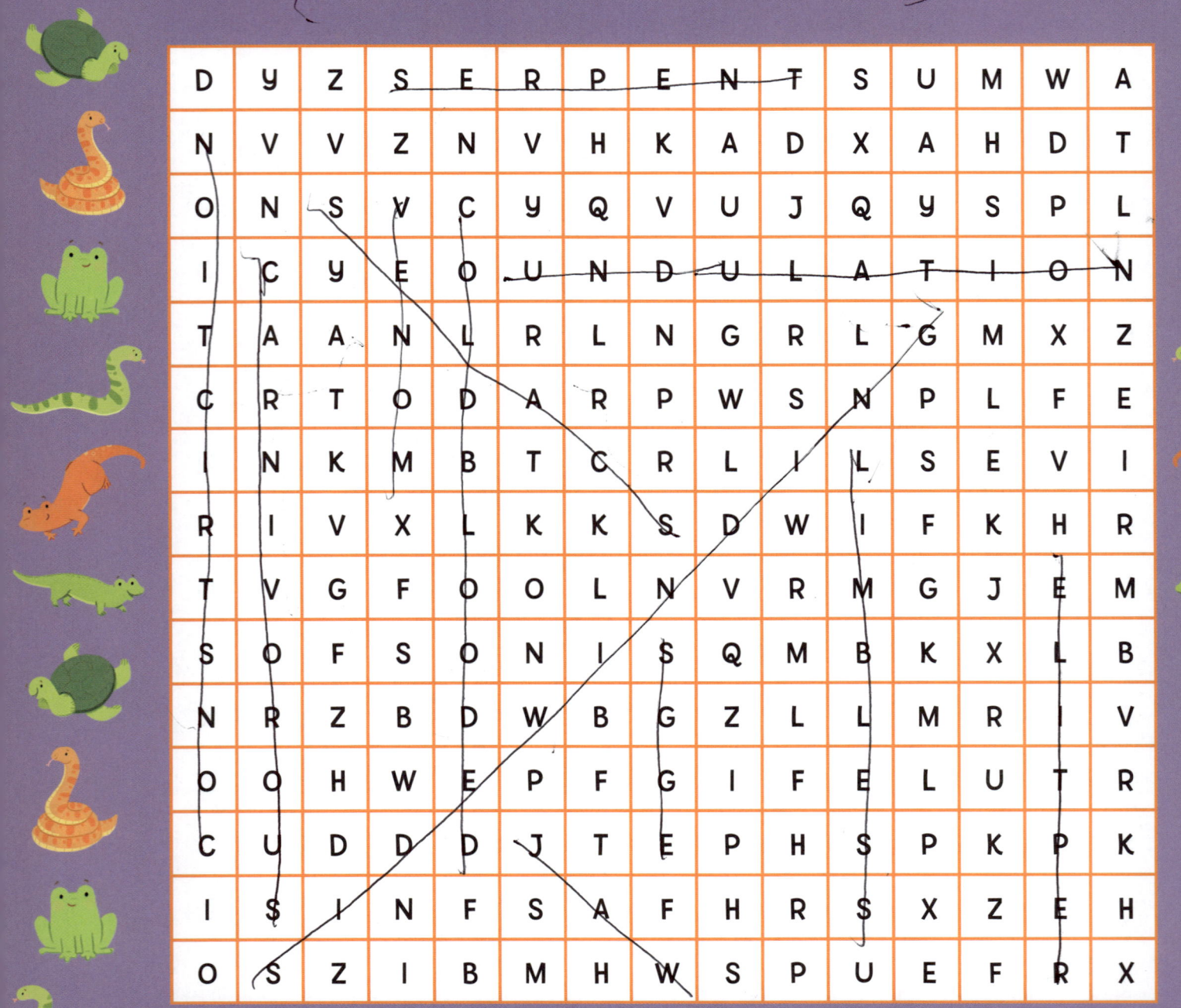

14

Apex Predators

CROCODILE KOMODO DRAGON POLAR BEAR
GREAT WHITE SHARK LEOPARD PYTHON
GRIZZLY BEAR LION TIGER
JAGUAR ORCA WOLF

N	A	V	N	Q	H	H	P	Y	T	H	O	N	E	G
M	F	O	H	P	X	Z	E	K	J	R	H	L	R	Z
Q	L	Q	E	H	W	F	C	N	C	G	I	E	J	N
R	R	P	S	F	Q	S	L	A	Z	D	A	J	O	U
M	F	E	Z	V	W	O	C	O	O	T	V	G	C	G
T	M	M	D	H	R	Q	Y	C	W	V	A	B	E	R
Y	K	B	H	C	F	Y	O	H	E	R	E	Q	K	I
I	F	B	S	Y	U	R	I	J	D	J	Y	J	L	Z
F	I	N	U	C	C	T	L	O	A	J	R	I	T	Z
J	K	K	Y	H	E	V	D	M	O	G	J	O	Z	L
U	T	Q	J	S	T	O	K	Y	Q	L	U	K	E	Y
X	I	J	H	O	M	S	M	S	B	D	I	J	C	A	O	B
V	C	A	S	O	A	L	E	O	P	A	R	D	R	E
L	R	N	K	G	L	W	N	S	M	L	H	H	B	A
K	P	O	L	A	R	B	E	A	R	E	G	I	T	R

Gorgeous Goats

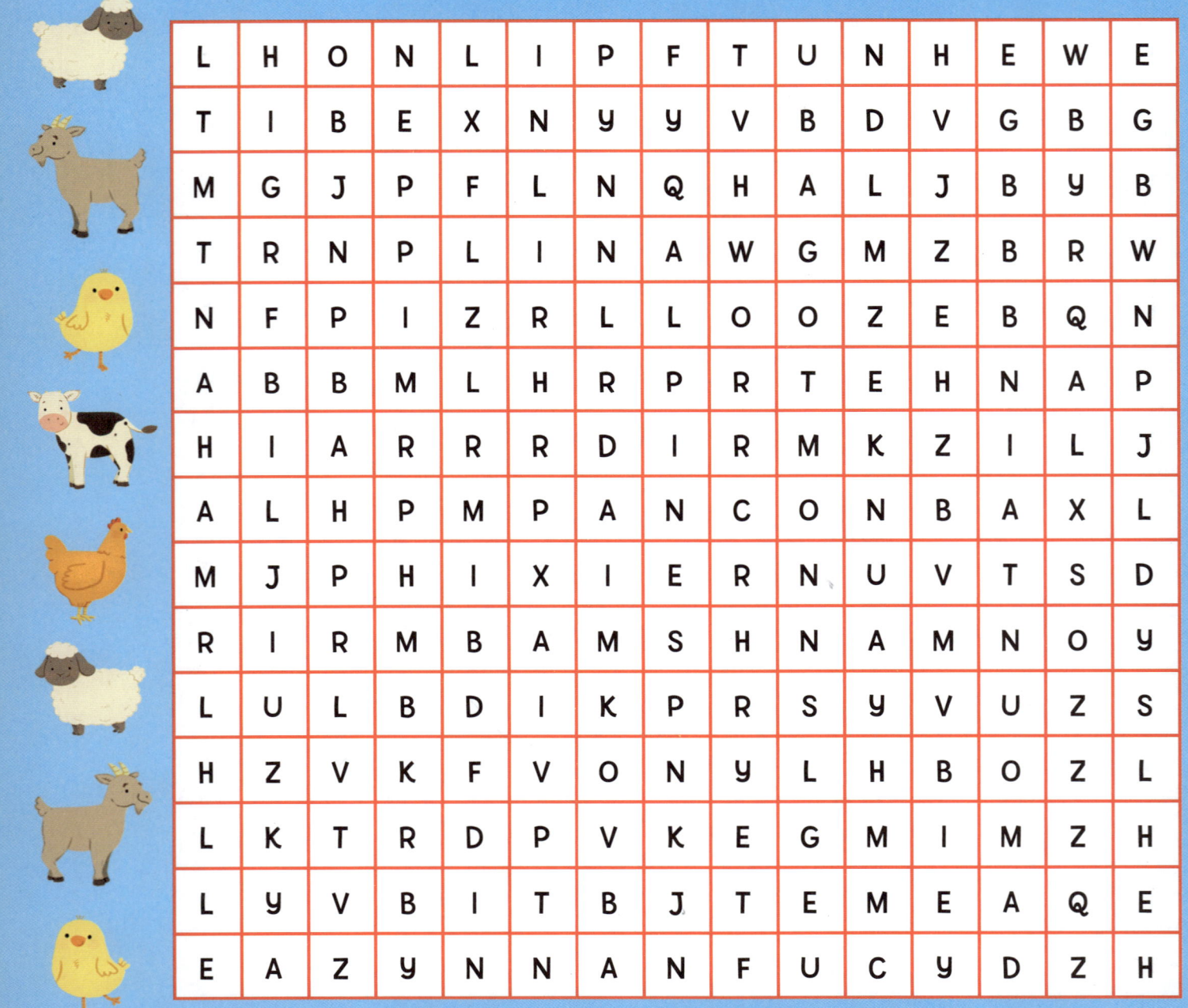

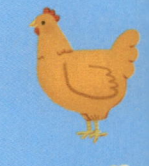

ALPINE IBEX NANNY
BAGOT KID NUBIAN
BILLY MILK PYGMY
EWE MOUNTAIN SHEARLING

L	H	O	N	L	I	P	F	T	U	N	H	E	W	E
T	I	B	E	X	N	Y	Y	V	B	D	V	G	B	G
M	G	J	P	F	L	N	Q	H	A	L	J	B	Y	B
T	R	N	P	L	I	N	A	W	G	M	Z	B	R	W
N	F	P	I	Z	R	L	L	O	O	Z	E	B	Q	N
A	B	B	M	L	H	R	P	R	T	E	H	N	A	P
H	I	A	R	R	R	D	I	R	M	K	Z	I	L	J
A	L	H	P	M	P	A	N	C	O	N	B	A	X	L
M	J	P	H	I	X	I	E	R	N	U	V	T	S	D
R	I	R	M	B	A	M	S	H	N	A	M	N	O	Y
L	U	L	B	D	I	K	P	R	S	Y	V	U	Z	S
H	Z	V	K	F	V	O	N	Y	L	H	B	O	Z	L
L	K	T	R	D	P	V	K	E	G	M	I	M	Z	H
L	Y	V	B	I	T	B	J	T	E	M	E	A	Q	E
E	A	Z	Y	N	N	A	N	F	U	C	Y	D	Z	H

Pets at Home

CAT	HAMSTER	RABBIT
COCKATOO	LIZARD	RAT
DOG	MOUSE	SNAKE
GOLDFISH	PARROT	TORTOISE

G	M	K	H	C	U	J	P	I	N	Y	R	W	T	M
N	D	M	O	O	T	A	K	C	O	C	J	W	C	A
J	C	H	J	K	O	P	G	H	W	L	L	T	S	L
C	Y	X	L	N	R	M	H	L	M	M	O	M	A	Y
D	X	G	J	Z	T	O	O	I	F	R	H	I	R	Y
L	Q	I	N	G	O	U	D	Z	R	L	I	O	A	W
G	O	L	D	F	I	S	H	A	S	I	E	N	T	V
V	H	L	O	I	S	E	P	R	A	W	N	N	K	I
E	S	J	G	B	E	B	L	D	I	O	Q	A	Q	C
F	D	Z	Q	I	E	R	E	T	S	M	A	H	S	Q
K	G	E	M	K	K	S	A	K	V	F	G	K	E	T
W	D	G	A	Y	G	E	Q	B	E	A	B	K	Q	V
W	D	N	X	R	N	Z	H	Z	B	H	D	L	C	X
F	S	H	D	U	R	E	V	P	L	I	F	A	O	O
W	T	P	F	U	L	U	J	O	V	A	T	D	P	A

Flying High

ANOMALURE BUTTERFLYFISH GLIDING ANTS
BALLOON SPIDER DRACO LIZARD PHALANGERS
BAT FLYING GECKO SIFAKA
BRISTLETAILS FLYING SQUID SUGARGLIDER

W	U	O	M	R	I	E	F	U	Q	Z	W	P	R	A
M	N	M	D	R	A	C	O	L	I	Z	A	R	D	G
R	R	F	B	P	P	A	N	O	M	A	L	U	R	E
E	L	T	D	I	U	Q	S	G	N	I	Y	L	F	J
D	F	B	U	T	T	E	R	F	L	Y	F	I	S	H
I	J	S	R	E	G	N	A	L	A	H	P	X	Q	C
P	H	D	J	D	J	Z	Z	B	O	D	H	X	U	Z
S	X	R	E	D	I	L	G	R	A	G	U	S	Q	W
N	K	S	L	I	A	T	E	L	T	S	I	R	B	F
O	A	K	A	F	I	S	R	V	E	W	P	Q	O	S
O	Y	W	T	V	Z	L	C	H	G	R	D	Y	G	T
L	S	T	N	A	G	N	I	D	I	L	G	C	A	G
L	F	L	Y	I	N	G	G	E	C	K	O	B	A	U
A	W	U	F	B	Q	X	Y	A	I	R	Z	L	T	K
B	D	G	R	W	S	B	S	G	G	Q	A	K	A	C

Animals with Jobs

COACH CAMEL
DETECTION RAT
DRAFT HORSE
GUARD DOG

HOMING PIGEON
PACK LLAMA
PATROL DOLPHIN
POLICE DOG

SEEING EYE DOG
SHEEPDOG
TRUFFLE PIG
WAGON DONKEY

W	Z	G	G	N	W	N	P	D	R	X	W	A	I	D
D	S	W	O	I	G	T	O	W	U	J	W	N	V	K
E	W	D	D	H	E	R	L	E	U	Z	E	P	G	C
D	A	E	E	P	B	U	I	S	A	L	R	I	O	S
O	G	T	Y	L	F	F	C	R	B	Q	P	I	A	S
H	O	E	E	O	G	F	E	O	P	F	Q	C	M	A
U	N	C	G	D	O	L	D	H	G	N	R	C	A	Y
X	D	T	N	L	D	E	O	T	O	I	Z	U	L	V
K	O	I	I	O	P	P	G	F	D	I	D	N	L	U
K	N	O	E	R	E	I	G	A	D	O	K	A	K	L
B	K	N	E	T	E	G	V	R	R	P	W	C	C	H
Q	E	R	S	A	H	A	E	D	A	T	I	A	A	G
C	Y	A	I	P	S	T	S	P	U	P	N	U	P	G
J	X	T	N	O	E	G	I	P	G	N	I	M	O	H
M	Q	D	C	O	A	C	H	C	A	M	E	L	G	T

Awesome Sharks

BASKING
BLACK-TIP
CARTILAGE
DORSAL

GOBLIN
GREAT WHITE
NURSE
PREDATOR

REEF
SWIMMING
TOOTH
WHALE

M	B	T	X	X	Q	J	K	K	C	X	M	M	X	Q
Q	E	G	N	I	M	M	I	W	S	J	L	T	R	U
G	S	T	N	B	L	A	C	K	T	I	P	H	J	X
O	R	D	I	S	U	S	W	F	K	X	L	M	U	G
B	U	W	K	H	N	C	C	B	T	V	O	R	S	O
L	N	R	Y	S	W	C	A	M	O	W	S	J	V	B
I	M	O	O	I	S	T	N	R	O	T	U	D	D	L
N	G	T	P	H	J	W	A	W	T	S	J	O	D	D
I	J	A	Y	G	W	H	G	E	H	I	P	R	H	A
O	G	D	V	O	T	A	N	Q	R	D	L	S	Y	C
S	L	E	V	O	J	L	I	O	K	G	W	A	A	A
G	P	R	F	H	Q	E	K	N	A	P	P	L	G	F
I	F	P	V	H	D	B	S	A	R	B	I	P	F	E
L	E	F	H	M	A	J	A	Z	O	K	C	G	L	B
P	L	P	L	O	G	N	B	A	Z	Y	R	E	E	F

Sea Turtles

BEACHES
FLATBACK
GREEN
HAWKSBILL

KEMP'S RIDLEY
LEATHERBACK
LOGGERHEAD
MARINE

NESTING
OLIVE RIDLEY
SHELLS
SWIMMING

H	D	K	B	N	E	E	R	G	M	D	G	N	E	V
N	E	S	T	I	N	G	Z	N	A	H	F	N	B	V
P	P	Y	Q	E	S	B	S	E	Y	L	I	P	T	X
Y	Z	Y	C	B	R	H	H	Q	A	R	J	W	A	V
E	S	L	Q	G	E	R	W	T	A	E	L	D	M	S
L	N	T	C	L	E	H	B	M	B	U	E	L	A	E
D	Q	S	L	G	N	A	T	U	E	U	A	D	L	H
I	Z	S	G	F	C	W	V	G	F	N	T	W	W	C
R	A	O	V	K	Z	K	L	N	G	K	H	S	J	A
E	L	K	E	M	P	S	R	I	D	L	E	Y	M	E
V	O	W	L	W	P	B	M	M	W	Z	R	N	W	B
I	T	O	E	K	S	I	W	M	W	N	B	A	G	I
L	T	C	K	M	S	L	Z	I	V	F	A	H	T	Q
O	D	S	N	T	X	L	O	W	Z	F	C	R	D	B
T	D	D	J	X	E	R	Y	S	T	X	K	Z	K	D

Fastest Movers

BLACK MARLIN
BLACKBUCK
CHEETAH
EURASIAN HOBBY
GOLDEN EAGLE
LION
PEREGRINE FALCON
PRONGHORN
ROCK DOVE
SAILFISH
SWORDFISH
WILDEBEEST

V	G	O	L	D	E	N	E	A	G	L	E	Y	D	K
P	E	R	E	G	R	I	N	E	F	A	L	C	O	N
G	F	E	N	I	L	R	A	M	K	C	A	L	B	N
Q	K	K	T	U	V	B	L	A	C	K	B	U	C	K
J	C	H	E	E	T	A	H	B	Z	B	B	O	I	G
G	G	N	O	F	L	L	N	K	W	K	L	O	H	U
W	H	J	F	N	R	O	H	G	N	O	R	P	T	M
G	B	Q	S	J	H	U	C	N	S	N	D	T	D	Z
C	T	D	I	H	S	I	F	L	I	A	S	Z	T	Z
G	H	F	M	P	R	O	C	K	D	O	V	E	C	A
T	O	Y	B	B	O	H	N	A	I	S	A	R	U	E
K	Q	L	I	O	N	P	R	S	W	L	L	R	G	Y
F	R	C	D	X	H	S	I	F	D	R	O	W	S	E
X	T	S	E	E	B	E	D	L	I	W	F	N	M	N
L	K	P	W	W	N	I	J	T	U	P	Z	M	V	K

On the Hoof

BUFFALO
CAMEL
CATTLE
DEER

GIRAFFE
GOAT
HIPPOPOTAMUS
LLAMA

MOOSE
OKAPI
REINDEER
SHEEP

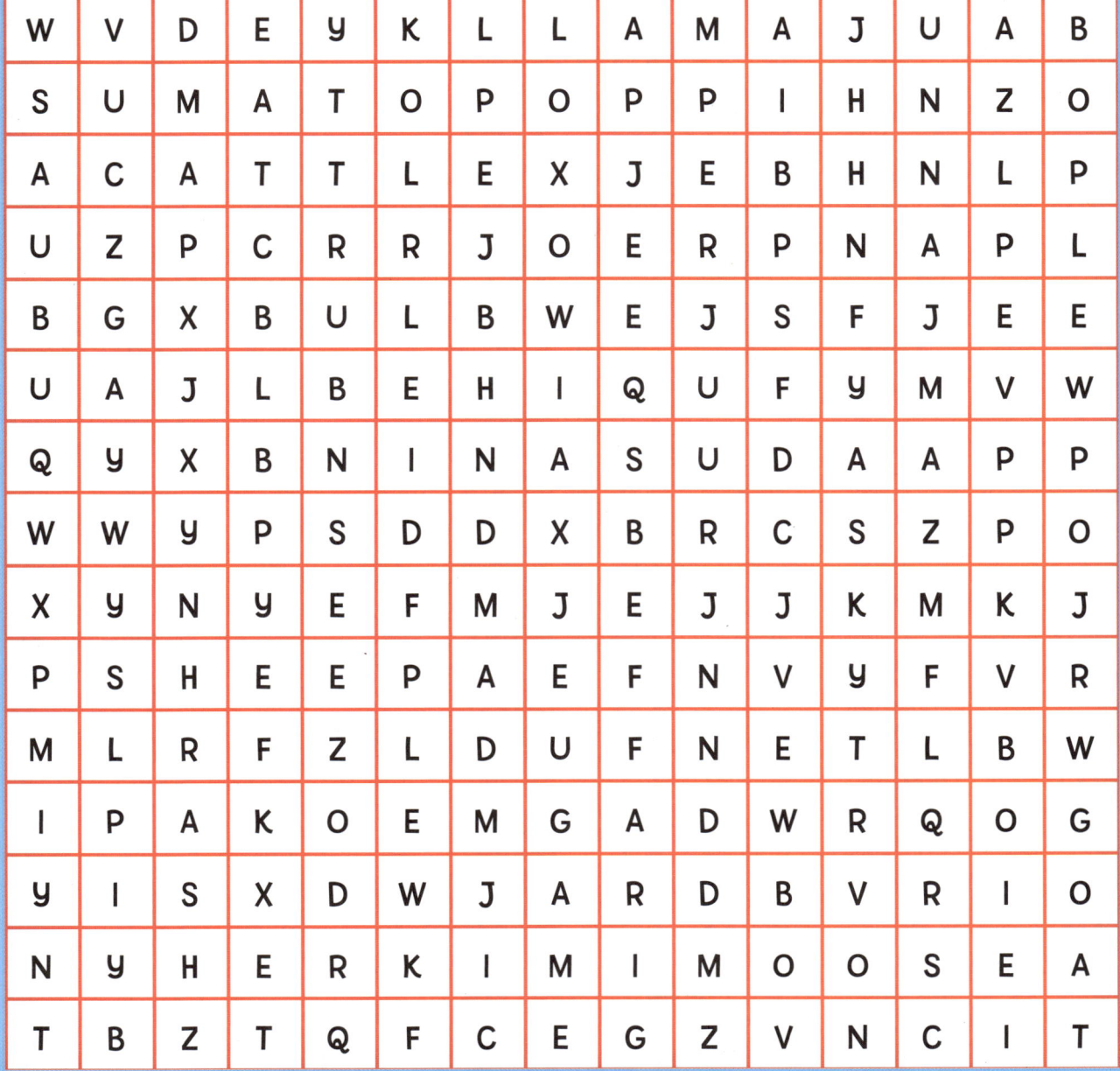

W	V	D	E	Y	K	L	L	A	M	A	J	U	A	B
S	U	M	A	T	O	P	O	P	P	I	H	N	Z	O
A	C	A	T	T	L	E	X	J	E	B	H	N	L	P
U	Z	P	C	R	R	J	O	E	R	P	N	A	P	L
B	G	X	B	U	L	B	W	E	J	S	F	J	E	E
U	A	J	L	B	E	H	I	Q	U	F	Y	M	V	W
Q	Y	X	B	N	I	N	A	S	U	D	A	A	P	P
W	W	Y	P	S	D	D	X	B	R	C	S	Z	P	O
X	Y	N	Y	E	F	M	J	E	J	J	K	M	K	J
P	S	H	E	E	P	A	E	F	N	V	Y	F	V	R
M	L	R	F	Z	L	D	U	F	N	E	T	L	B	W
I	P	A	K	O	E	M	G	A	D	W	R	Q	O	G
Y	I	S	X	D	W	J	A	R	D	B	V	R	I	O
N	Y	H	E	R	K	I	M	I	M	O	O	S	E	A
T	B	Z	T	Q	F	C	E	G	Z	V	N	C	I	T

Hibernators

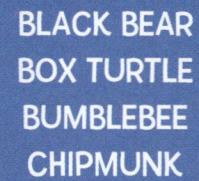

BLACK BEAR
BOX TURTLE
BUMBLEBEE
CHIPMUNK

DEER MOUSE
GROUND SQUIRREL
HEDGEHOG
MOUSE LEMUR

NORTHERN BAT
PRAIRIE DOG
SKUNK
WOOD FROG

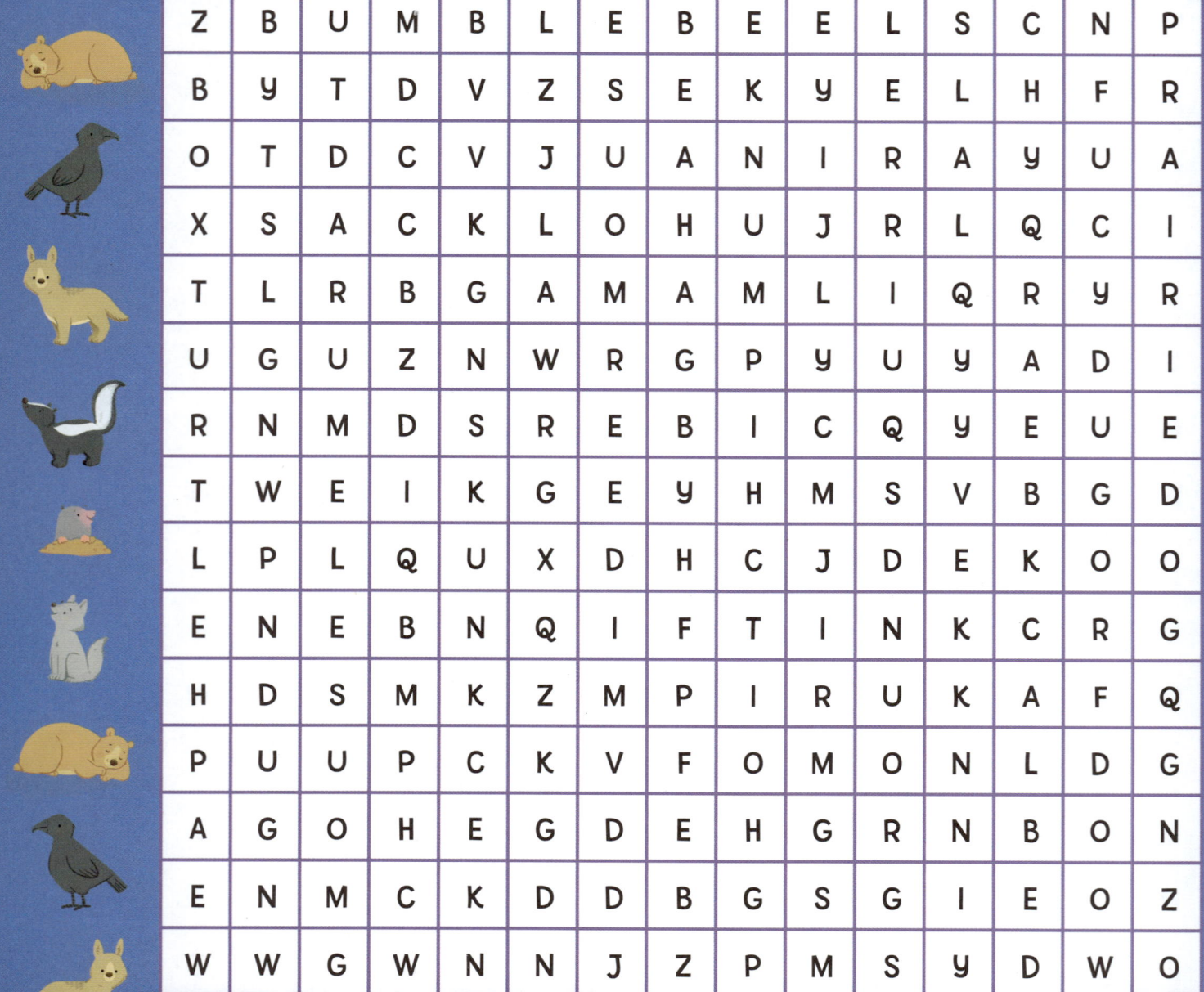

Z	B	U	M	B	L	E	B	E	E	L	S	C	N	P
B	Y	T	D	V	Z	S	E	K	Y	E	L	H	F	R
O	T	D	C	V	J	U	A	N	I	R	A	Y	U	A
X	S	A	C	K	L	O	H	U	J	R	L	Q	C	I
T	L	R	B	G	A	M	A	M	L	I	Q	R	Y	R
U	G	U	Z	N	W	R	G	P	Y	U	Y	A	D	I
R	N	M	D	S	R	E	B	I	C	Q	Y	E	U	E
T	W	E	I	K	G	E	Y	H	M	S	V	B	G	D
L	P	L	Q	U	X	D	H	C	J	D	E	K	O	O
E	N	E	B	N	Q	I	F	T	I	N	K	C	R	G
H	D	S	M	K	Z	M	P	I	R	U	K	A	F	Q
P	U	U	P	C	K	V	F	O	M	O	N	L	D	G
A	G	O	H	E	G	D	E	H	G	R	N	B	O	N
E	N	M	C	K	D	D	B	G	S	G	I	E	O	Z
W	W	G	W	N	N	J	Z	P	M	S	Y	D	W	O

Cat Club

CALM HUNTER QUIET
CATNIP MEOW SLEEP
CURL UP POUNCE STRETCH
GRACE PURR WHISKERS

F	O	N	A	G	U	S	H	C	E	C	K	V	A	A
X	G	D	X	C	D	O	U	P	Y	U	T	N	U	S
Z	R	D	R	S	E	P	O	U	N	C	E	K	O	L
I	A	L	V	H	C	T	E	R	T	S	I	H	S	E
U	C	E	C	L	L	Y	Z	Y	B	C	U	N	C	E
I	E	A	H	A	V	X	G	B	I	K	Q	Y	E	P
O	D	D	T	T	T	L	X	G	F	B	P	R	C	Q	N
B	R	M	X	N	R	M	R	L	M	Z	G	Y	H	T
S	R	E	K	S	I	H	W	S	G	G	R	N	N	L
J	G	O	T	N	R	P	K	I	D	J	E	Q	P	R
I	I	W	M	N	R	K	B	F	O	K	I	O	T	Q
Z	U	K	W	C	U	R	L	U	P	G	H	I	C	Y
E	U	B	P	V	P	H	V	U	T	C	O	G	U	Y
F	G	E	N	B	A	K	N	X	H	L	F	B	Y	U
V	R	G	P	N	F	B	O	J	A	R	W	P	I	K

25

Madagascan Natives

AYE AYE
BLUE COUA
COMET MOTH
FOSSA
GIRAFFE WEEVIL
INDRI
LEAF-TAILED GECKO
LEMUR
POCHARD
SIFAKA
SPEAR-NOSED SNAKE
TOMATO FROG

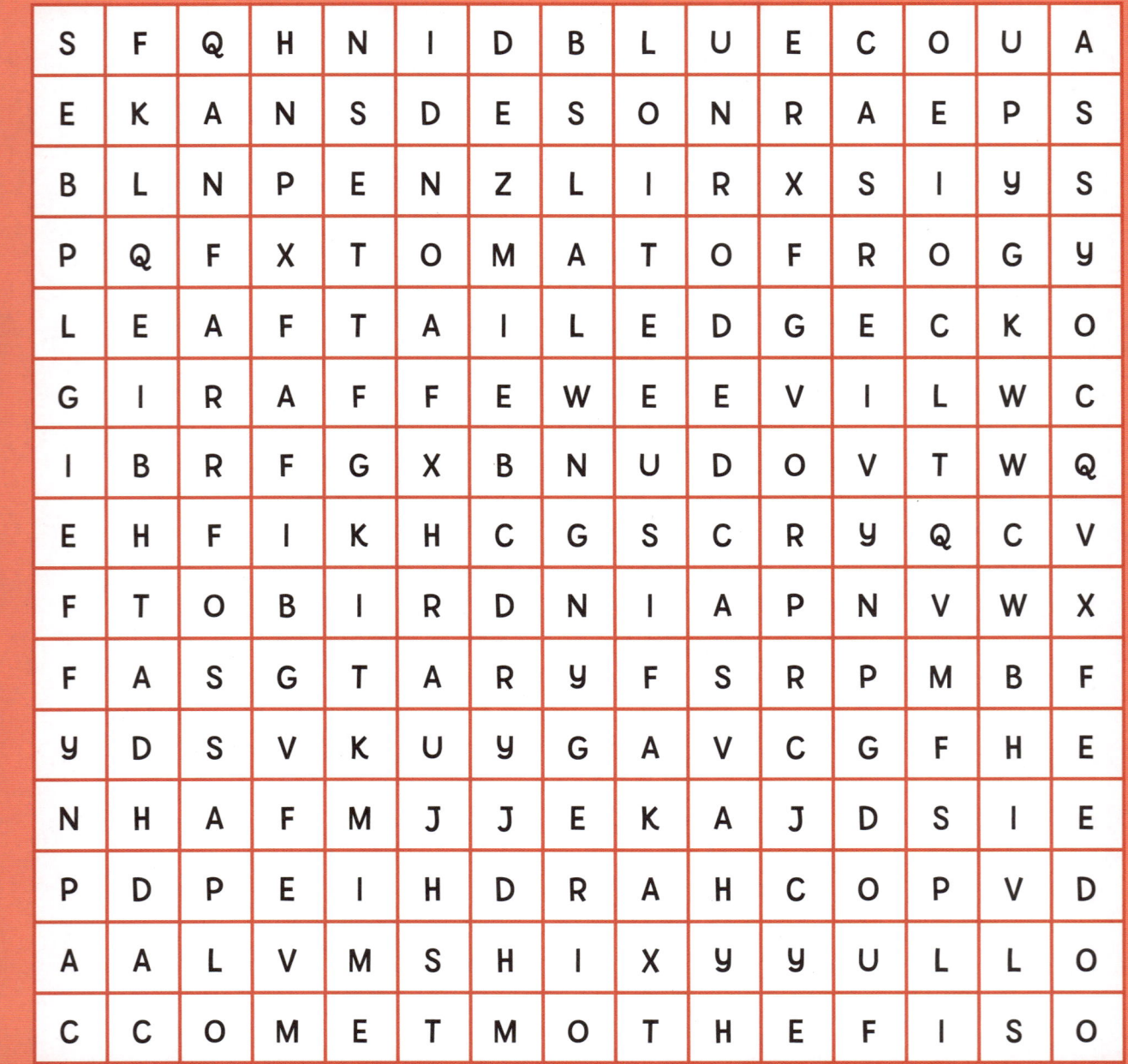

S	F	Q	H	N	I	D	B	L	U	E	C	O	U	A
E	K	A	N	S	D	E	S	O	N	R	A	E	P	S
B	L	N	P	E	N	Z	L	I	R	X	S	I	Y	S
P	Q	F	X	T	O	M	A	T	O	F	R	O	G	Y
L	E	A	F	T	A	I	L	E	D	G	E	C	K	O
G	I	R	A	F	F	E	W	E	E	V	I	L	W	C
I	B	R	F	G	X	B	N	U	D	O	V	T	W	Q
E	H	F	I	K	H	C	G	S	C	R	Y	Q	C	V
F	T	O	B	I	R	D	N	I	A	P	N	V	W	X
F	A	S	G	T	A	R	Y	F	S	R	P	M	B	F
Y	D	S	V	K	U	Y	G	A	V	C	G	F	H	E
N	H	A	F	M	J	J	E	K	A	J	D	S	I	E
P	D	P	E	I	H	D	R	A	H	C	O	P	V	D
A	A	L	V	M	S	H	I	X	Y	Y	U	L	L	O
C	C	O	M	E	T	M	O	T	H	E	F	I	S	O

Birds of Prey

BUZZARD
CARACARA
CONDOR
EAGLE

FALCON
HARRIER
HAWK
KESTREL

KITE
OSPREY
OWL
VULTURE

Y	Y	A	N	P	N	A	R	A	L	Z	R	F	M	B
X	R	D	H	G	J	G	H	M	Z	A	X	F	U	X
R	U	T	A	B	C	P	U	T	X	A	F	H	V	V
N	R	X	R	S	O	C	O	O	G	L	S	F	E	L
L	L	R	R	C	N	W	A	D	I	L	N	I	M	E
E	Z	N	I	N	D	N	F	R	E	P	O	E	J	R
R	A	L	E	W	O	L	K	A	A	P	Y	W	T	T
V	Y	G	R	O	R	V	I	Z	T	C	F	J	P	S
U	E	I	L	K	H	S	V	Z	H	Y	A	N	P	E
L	R	E	R	E	P	V	H	U	Q	V	L	R	X	K
T	P	T	X	S	J	A	F	B	Y	O	C	L	A	D
U	S	I	W	E	N	N	L	H	L	W	O	A	H	B
R	O	K	K	Z	G	H	W	L	M	M	N	V	A	L
E	O	C	H	E	F	C	M	V	W	Y	I	A	W	B
L	V	F	B	L	G	A	E	Y	A	P	V	N	K	R

Giant Squid

BEAK · DEEP OCEAN · INK
BIOLUMINESCENT · EYES · JET PROPULSION
BRAIN · FIN · STALK
CEPHALOPOD · GROWTH RINGS · TENTACLES

V	W	N	M	B	Z	G	B	V	N	I	A	R	B	F
I	N	T	P	I	T	D	M	Q	W	U	M	T	R	M
B	V	M	D	O	C	F	I	N	C	J	K	D	M	R
O	T	I	O	L	T	C	M	N	I	E	K	N	L	Q
S	E	H	P	U	J	A	B	W	K	T	T	G	B	M
G	N	U	O	M	Q	K	N	K	Z	P	R	D	I	X
N	T	A	L	I	S	T	A	L	K	R	S	H	C	E
I	A	D	A	N	J	R	E	E	Q	O	U	A	J	U
R	C	F	H	E	U	T	C	X	B	P	Y	T	K	S
H	L	K	P	S	P	M	O	Y	O	U	R	M	A	A
T	E	F	E	C	Z	I	P	Q	B	L	O	I	E	O
W	S	Y	C	E	Z	I	E	X	W	S	T	V	A	C
O	R	Q	H	N	Y	C	E	Q	K	I	J	X	H	G
R	X	L	V	T	F	E	D	Y	E	O	Q	O	Y	X
G	E	M	Y	Z	D	L	S	E	L	N	M	P	F	U

Solutions

3 - Busy Beaver

4 - On the Farm

5 - Ocean Mammals

6 - Desert Reptiles

7 - Petting Zoo

8 - Hibernating Creatures

9 - Breeds of Dog

10 - City Creatures

11. African Jungle Animals

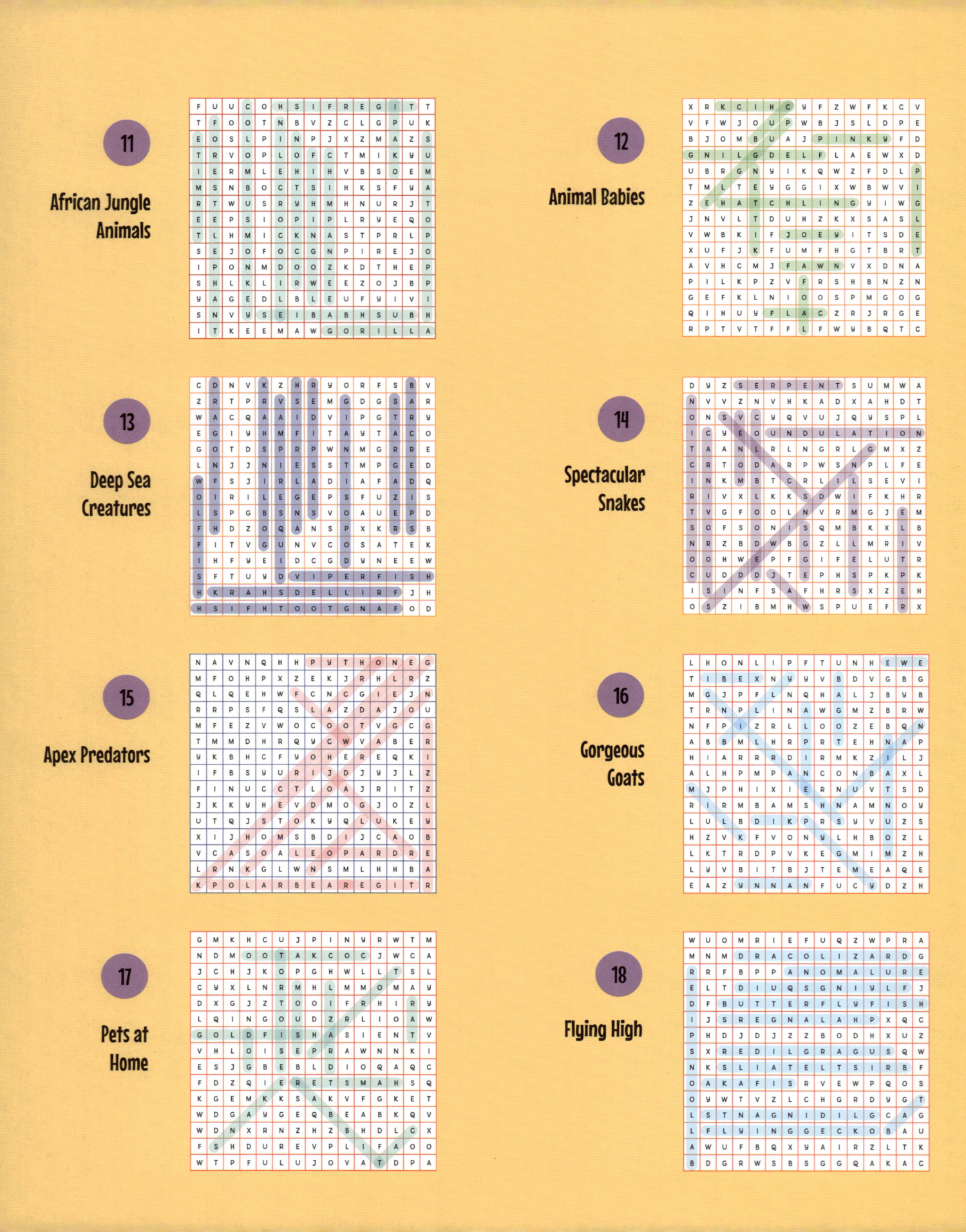

12. Animal Babies

13. Deep Sea Creatures

14. Spectacular Snakes

15. Apex Predators

16. Gorgeous Goats

17. Pets at Home

18. Flying High

19 Animals with Jobs

W	Z	G	G	N	W	N	P	D	R	X	W	A	I	D
D	S	W	O	I	G	T	O	W	U	J	W	N	V	K
E	W	D	D	H	E	R	L	E	U	Z	E	P	G	C
D	A	E	E	P	B	U	I	S	A	L	R	I	O	S
O	G	T	Y	L	F	F	C	R	B	Q	P	I	A	S
H	O	E	E	O	G	F	E	O	P	F	Q	C	M	A
U	N	C	G	D	O	L	D	H	G	N	R	C	A	Y
X	D	T	N	L	D	E	O	T	O	I	Z	U	L	V
K	O	I	I	O	P	P	G	F	D	I	D	N	L	U
K	N	O	E	R	E	I	G	A	D	O	K	A	K	L
B	K	N	E	T	E	G	V	R	R	P	W	C	C	H
Q	E	R	S	A	H	A	E	D	A	T	I	A	A	G
C	Y	A	I	P	S	T	S	P	U	P	N	U	P	G
J	X	T	N	O	E	G	I	P	G	N	I	M	O	H
M	Q	D	C	O	A	C	H	C	A	M	E	L	G	T

20 Awesome Sharks

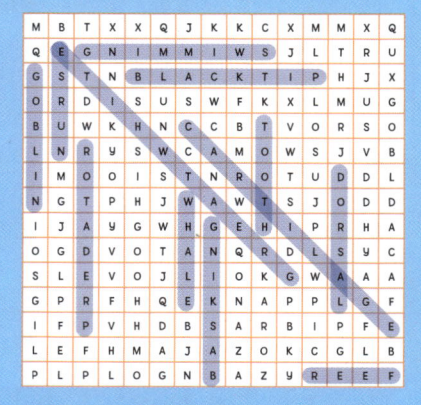

M	B	T	X	X	Q	J	K	K	C	X	M	M	X	Q
Q	E	G	N	I	M	M	I	W	S	J	L	T	R	U
G	S	T	N	B	L	A	C	K	T	I	P	H	J	X
O	R	D	I	S	U	S	W	F	K	X	L	M	U	G
B	U	W	K	H	N	C	C	B	T	V	O	R	S	O
I	N	R	Y	S	W	C	A	M	O	W	S	J	V	B
I	M	O	O	I	S	T	N	R	O	T	U	D	D	L
N	G	T	P	H	J	W	A	W	T	S	J	O	D	D
I	J	A	Y	G	W	H	G	E	H	I	P	R	J	K
O	G	D	V	O	T	A	N	Q	R	D	L	S	Y	C
S	L	E	V	O	J	L	I	O	K	G	W	A	A	A
G	P	R	F	H	Q	E	K	N	A	P	P	L	G	F
I	F	P	V	H	D	B	S	A	R	B	I	P	F	E
L	E	F	H	M	A	J	A	Z	O	K	C	G	L	B
P	L	P	L	O	G	N	B	A	Z	Y	R	E	E	F

21 Sea Turtles

H	D	K	B	N	E	E	R	G	M	D	G	N	E	V
N	E	S	T	I	N	G	Z	N	A	H	F	N	B	V
P	P	Y	Q	E	S	B	S	E	Y	L	I	P	T	X
Y	Z	Y	C	B	R	H	H	Q	A	R	J	W	A	V
E	S	L	Q	G	E	R	W	T	A	E	L	D	M	S
L	N	T	C	L	E	H	B	M	B	U	E	L	A	E
D	Q	S	L	G	N	A	T	U	E	U	A	D	L	H
I	Z	S	G	F	C	V	G	F	N	T	W	W	C	F
R	A	O	V	K	Z	K	L	N	G	K	H	S	J	A
E	L	K	E	M	P	S	R	I	D	L	E	Y	M	E
V	O	W	L	W	P	B	M	M	W	Z	R	N	W	B
I	T	O	E	K	S	I	W	M	W	N	B	A	G	I
L	T	C	K	M	S	L	Z	I	V	F	A	H	T	Q
O	D	S	N	T	X	L	O	W	Z	F	C	R	D	B
T	D	D	J	X	E	R	Y	S	T	X	K	Z	K	D

22 Fastest Movers

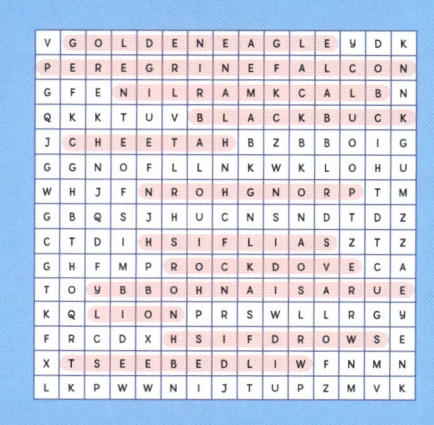

V	G	O	L	D	E	N	E	A	G	L	E	Y	D	K
P	E	R	E	G	R	I	N	E	F	A	L	C	O	N
G	F	E	N	I	L	R	A	M	K	C	A	L	B	N
Q	K	K	T	U	V	B	L	A	C	K	B	U	C	K
J	C	H	E	E	T	A	H	B	Z	B	B	O	I	G
G	G	N	O	F	L	L	N	K	W	K	L	O	H	U
W	H	J	F	N	R	O	H	G	N	O	R	P	T	M
G	B	Q	S	J	H	U	C	N	S	N	D	T	D	Z
C	T	D	I	H	S	I	F	L	I	A	S	Z	T	Z
G	H	F	M	P	R	O	C	K	D	O	V	E	C	A
T	O	Y	B	B	O	H	N	A	I	S	A	R	U	E
K	Q	L	I	O	N	P	R	S	W	L	L	R	G	Y
F	R	C	D	X	H	S	I	F	D	R	O	W	S	E
X	T	S	E	E	B	E	D	L	I	W	F	N	M	N
L	K	P	W	W	N	I	J	T	U	P	Z	M	V	K

23 On the Hoof

W	V	D	E	Y	K	L	L	A	M	A	J	U	A	B
S	U	M	A	T	O	P	O	P	P	I	H	N	Z	O
A	C	A	T	T	L	E	X	J	E	B	H	N	L	P
U	Z	P	C	R	R	J	O	E	R	P	N	A	P	L
B	G	X	B	U	L	B	W	E	J	S	F	J	E	E
U	A	J	L	B	E	H	I	Q	U	F	Y	M	V	W
Q	U	X	B	N	I	N	A	S	U	D	A	A	P	P
W	W	Y	P	S	D	D	X	B	R	C	S	Z	P	O
X	Y	N	Y	E	F	M	J	E	J	J	K	M	K	J
P	S	H	E	E	P	A	E	F	N	V	Y	F	V	R
M	L	R	F	Z	L	D	U	F	N	E	T	L	B	W
I	P	A	K	O	E	M	G	A	D	W	R	Q	O	G
Y	I	S	X	D	W	J	A	R	D	B	V	R	I	O
N	Y	H	E	R	K	I	M	I	M	O	O	S	E	A
T	B	Z	T	Q	F	C	E	G	Z	V	N	C	I	T

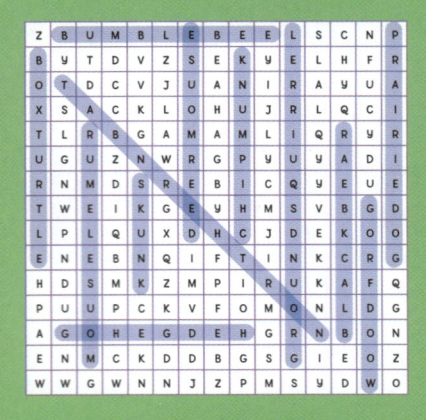

24 Hibernators

Z	B	U	M	B	L	E	B	E	E	L	S	C	N	P
B	Y	T	D	V	Z	S	E	K	Y	E	L	H	F	R
O	T	I	D	C	V	J	U	A	N	I	R	A	Y	U
X	S	A	C	K	L	O	H	U	J	R	L	Q	C	I
T	L	R	B	G	A	M	A	M	L	I	Q	R	Y	R
U	G	U	Z	N	W	R	G	P	Y	U	Y	A	D	I
R	N	M	D	S	R	E	B	I	C	Q	Y	E	U	E
T	W	E	I	K	G	E	Y	H	M	S	V	B	G	D
L	P	L	Q	U	X	D	H	C	J	D	E	K	O	O
E	N	E	B	N	Q	I	F	T	I	N	K	C	R	G
H	D	S	M	K	Z	M	P	I	R	U	K	A	F	Q
P	U	U	P	C	K	V	F	O	M	O	N	L	D	G
A	G	O	H	E	G	D	E	H	G	R	N	B	O	N
E	N	M	C	K	D	D	B	G	S	G	I	E	O	Z
W	W	G	W	N	N	J	Z	P	M	S	Y	D	W	O

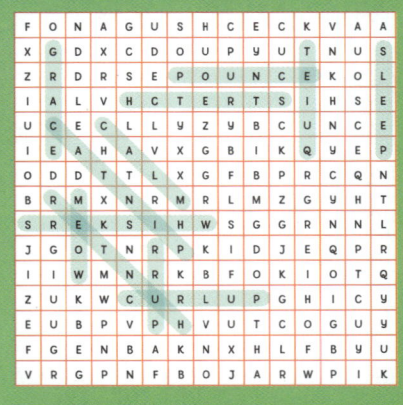

25 Cat Club

F	O	N	A	G	U	S	H	C	E	C	K	V	A	A
X	G	D	X	C	D	O	U	P	Y	U	T	N	U	S
Z	R	D	R	S	E	P	O	U	N	C	E	K	O	L
I	A	L	V	H	C	T	E	R	T	S	I	H	S	E
U	C	E	C	L	L	Y	Z	Y	B	C	U	N	C	E
I	E	A	H	S	E	B	I	K	Q	Y	E	P	O	O
D	D	T	T	L	X	G	F	P	R	C	O	M	B	R
B	R	M	X	N	R	M	R	L	M	Z	G	Y	H	T
S	R	E	K	S	I	H	W	S	G	G	R	N	N	L
J	G	O	T	N	R	P	K	I	D	J	E	Q	P	R
I	W	M	N	R	K	B	F	O	K	I	O	T	Q	E
Z	U	K	W	C	U	R	L	U	P	G	H	I	C	Y
E	U	B	P	V	P	H	V	U	T	C	O	G	U	Y
F	G	E	N	B	A	K	N	X	H	L	F	B	Y	U
V	R	G	P	N	F	E	B	O	J	A	R	W	P	I	K

26 Madagascan Natives

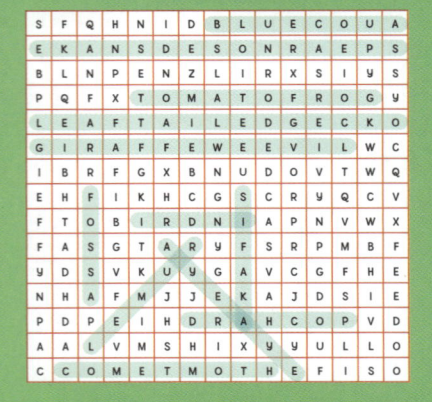

S	F	Q	H	N	I	D	B	L	U	E	C	O	U	A
E	K	A	N	S	D	E	S	O	N	R	A	E	P	S
B	L	N	P	E	N	Z	L	I	R	X	S	I	Y	S
P	Q	F	X	T	O	M	A	T	O	F	R	O	G	Y
L	E	A	F	T	A	I	L	E	D	G	E	C	K	O
G	I	R	A	F	F	E	W	E	E	V	I	L	W	C
I	B	R	F	G	X	B	N	U	D	O	V	T	W	Q
E	H	F	I	K	H	C	G	S	C	R	Y	Q	C	V
F	T	O	B	I	R	D	N	I	A	P	N	V	W	X
A	S	G	T	A	R	Y	F	S	R	P	M	B	Y	D
N	H	A	F	M	E	J	E	K	A	J	D	S	I	E
P	D	P	E	I	H	D	R	A	H	C	O	P	V	D
A	A	L	V	M	S	H	I	X	Y	Y	U	L	L	O
C	C	O	M	E	T	M	O	T	H	E	F	I	S	O

27 Birds of Prey

Y	Y	A	N	P	N	A	R	A	L	Z	R	F	M	B
R	X	D	H	B	J	G	H	M	Z	X	A	F	U	X
R	U	T	A	B	C	B	P	U	T	X	A	F	H	V
N	R	X	R	S	O	C	O	O	G	L	S	F	E	L
L	L	R	R	C	N	W	A	D	I	L	N	I	M	E
E	Z	N	I	N	D	N	F	R	E	P	O	E	J	R
R	A	L	E	W	O	L	K	A	A	P	Y	W	T	T
V	Y	G	R	O	R	V	I	Z	T	C	F	J	P	S
U	E	I	L	K	H	S	V	Z	H	Y	A	N	P	E
L	R	E	R	E	P	V	H	U	Q	V	L	R	X	B
T	P	T	X	S	J	A	F	B	Y	O	C	L	A	D
U	S	I	W	E	N	N	L	H	L	W	O	A	H	B
R	O	K	K	Z	G	H	W	L	M	M	N	V	A	L
E	O	C	H	E	F	C	M	V	W	Y	I	A	W	B
L	V	F	B	L	G	A	E	Y	A	P	V	N	K	R

28 Giant Squid

V	W	N	M	B	Z	G	B	V	N	I	A	R	B	F
I	N	T	P	I	T	D	M	Q	W	U	M	T	R	M
B	V	M	D	O	C	F	I	N	C	J	K	D	M	R
O	T	I	O	L	T	C	M	N	I	E	K	N	L	Q
S	E	H	P	U	J	A	B	W	K	T	T	G	B	M
G	N	U	O	M	Q	K	N	K	Z	P	R	D	I	X
N	T	A	L	I	S	T	A	L	K	R	S	H	C	E
I	A	D	A	N	J	R	E	E	Q	O	U	A	J	U
R	C	F	H	E	U	T	C	X	B	P	Y	T	K	S
H	L	K	P	S	P	M	O	Y	O	U	R	M	A	A
T	E	F	E	C	Z	I	P	Q	B	L	O	I	E	O
W	S	Y	C	E	I	S	E	X	W	S	T	V	A	C
O	R	Q	H	N	Z	C	R	I	K	J	X	H	G	X
R	X	L	V	T	F	E	D	Y	E	O	Q	O	Y	X
G	E	M	Y	Z	D	L	S	E	L	N	M	P	F	U